1834.

SITUATION

POLITIQUE

DE LA FRANCE.

Principes d'une Alliance politique

AYANT POUR BUT

De mettre fin à la lutte révolutionnaire par l'initiative du progrès social.

Union des peuples pour le perfectionnement
intellectuel et industriel.

PARIS.

AU BUREAU DE LA REVUE DU PROGRÈS SOCIAL,

rue Caumartin, N° 7.

1834.

La Revue du Progrès social, *recueil mensuel,* politique, philosophique et littéraire, paraît depuis le 1er janvier 1834.

Son but est de crér un centre de travail intellectuel, spécialement consacré aux progrès des idées et des institutions sociales.

La rédaction s'étend à tous les faits sociaux : *Religion, philosophie, science de l'homme. — Littérature et poésie. — Économie politique, droit public, législation civile et pénale, éducation, administration, institutions médicales, travaux publics, intérêts sociaux et politiques de l'art de la science et de l'industrie. — Histoire et statistique appliquées aux diverses branches de l'encyclopédie humaine.*

La *Revue* suit avec exactitude les travaux contemporains en France, en Angleterre et en Allemagne.

L'analyse des principaux voyages fait connaître l'état actuel de la société sur tout le globe.

Une *Revue parlementaire* apprécie les événemens et les débats du jour.

Chaque livraison est toujours terminée par des nouvelles scientifiques, des articles nécrologiques et une bibliographie raisonnée des ouvrages publiés en France.

———

Sous le titre de *Principes d'une alliance politique ayant pour but de mettre fin à la lutte révolutionnaire par l'initiative du progrès social,* les directeurs de la *Revue* ont publié un Exposé général des idées qui servent de base à la rédaction de ce recueil.

———

Prix d'abonnement.

40 fr. pour un an, 20 fr. pour six mois. — Le port en sus à raison de 6 fr. pour la France, et 10 fr. pour l'étranger.

On souscrit *à Paris,* au bureau, rue Caumartin, N° 7, ou chez BACHELIER, libraire, quai des Augustins, N° 55.

Les souscriptions sont reçues également à chez.

SITUATION POLITIQUE

DE LA FRANCE.

Des idées progressives qui doivent se manifester dans la chambre de 1834.

A toutes les époques régulières de la vie des nations, l'esprit humain se préoccupe de la recherche du progrès. On l'a répété mille fois, le *statu quo* est une chimère : ne point avancer, c'est rétrograder. Néanmoins, il est certains momens exceptionnels où les majorités nationales se refusent à toute idée de mouvement et ne songent qu'à résister. Lorsque la résistance triomphe long-temps et avec éclat, c'est un signe certain que le mouvement est engagé par des factions contre une société constituée et viable.

Tel est l'état des choses depuis le 7 août 1830, c'est-à-dire depuis le jour où la *Bourgeoisie*, ayant définitivement pris dans la société française le rang qu'après 1789 et 1815 l'esprit féodal voulait encore lui disputer, a trouvé derrière elle les rancunes de l'opinion légitimiste, et s'est vu barrer le chemin de l'avenir par des prétentions nouvelles, qui, au lieu de travailler pacifiquement à devenir

2

des droits, regardant leur colère comme de la justice, leurs violences comme des moyens de réalisation, se sont insurgées pour usurper, au lieu de se soumettre pour acquérir.

Ce mouvement était une déviation : la résistance a vaincu. Car, à moins d'être saisi d'un incurable vertige, il faut considérer comme un fait décisif le résultat des dernières élections.

Est-ce à dire pour cela que la France soit destinée à une éternelle immobilité, et qu'il ne doive plus être question pour elle d'avenir et de progrès? Non évidemment. Nous pensons, au contraire, qu'il se prépare sur le terrain de l'actualité politique des événemens d'une haute gravité, et que la chambre de 1834 saura faire entendre au pays les premières paroles d'un idiome étranger aux passions et à la stratégie chicanière des partis. Et, de plus, l'une de nos plus fermes espérances, c'est que la majorité, qui, jusqu'ici, s'est montrée à tel point décidée à maintenir l'ordre, une fois assurée de la paix sociale, ne sera point hostile aux idées; qu'elle s'occupera elle-même de réaliser de grandes améliorations; et qu'enfin elle écoutera, avec le désir de les comprendre et de les appliquer, les propositions qui auraient pour but d'ouvrir des voies d'innovation à la fois légales et légitimes, tout comme elle a rejeté avec une juste persistance les prétendus progrès qui lui imposaient sa propre abdication comme condition préalable du bonheur public.

Le mouvement que nous signalons a commencé depuis long-temps en France; mais, entravé de toutes parts, il n'était point arrivé encore à se produire d'une manière en quelque sorte officielle. C'est ce qui doit avoir lieu, selon nous, à la chambre prochaine, et ce fait sera de nature à changer toute la situation parlementaire.

Le discours de M. Royer-Collard aux électeurs de Vitry-le-Français, discours si diversement, et, le dirai-je, si misérablement exploité par la presse, pourrait être considéré comme un premier symptôme de ce retour aux idées d'ordre moral qui devient possible aujourd'hui après avoir été impossible depuis trois ans. Arrêter le pouvoir aux limites d'un excès auquel il a été conduit par la violence, la mauvaise foi, l'étourderie et l'extravagance de deux partis désespérés ou hallucinés; faire succéder l'action des idées à l'action de la force militaire : voilà, selon nous, qui n'avons de sa pensée intime que ce que nous apprend notre bonne foi et l'examen suivi de sa conduite, voilà ce que veut aujourd'hui l'ex-président de la chambre des 221. Mais ce qu'il veut après les élections de 1834, M. Royer-Collard ne le demandait pas depuis trois ans, et ce n'est pas certes le courage de parler qui lui a manqué. Dans une position qui ne lui permettait pas, devant le pouvoir nouveau, l'initiative qu'il avait prise avec tant de courage et de raison devant la dynastie ancienne qui s'est perdue en méprisant ses avis, M. Royer-Collard s'est tenu sur la réserve. Il a dû laisser passer l'orage qu'il avait vainement essayé de conjurer ; mais il n'a jamais voulu sortir du corps législatif, et se séparer de la représentation nationale. En un mot, M. Royer-Collard a prêté serment au gouvernement du 7 août, et il n'est homme ni à se jouer du serment, ni à s'en servir comme d'un moyen de jouer autrui. A supposer qu'en juillet 1830 il eût désiré une transaction d'un autre genre, il avait trop de sagesse pour ne pas reconnaître (avec douleur ou avec résignation, peu importe), un fait, un fait inexorable, savoir que toute combinaison où la branche aînée se trouverait comprise, était impossible, soit à cause d'elle-même, soit à cause de la nation. Cela reconnu, M. Royer-Collard s'est résigné pendant trois ans à porter le deuil de la faute que d'autres avaient commise. Maintenant faut-il prendre pour une rentrée en activité quelques paroles qui, peut-être, n'ont été que de circonstance? Nous ne savons. Mais, en tout cas, si M. Royer-Collard reprend dans la chambre une position active, à moins de s'abîmer dans la politique d'*outre-tombe*, il ne peut chercher un point d'appui autre part que dans la majorité dont il a fait partie jusqu'ici. Qu'il ramène cette majorité au respect de l'intelligence, de la raison, de la conscience morale, il rendra grand service aux hommes qui veulent sincèrement le bien, et il réduira à leur valeur toutes les méprises préméditées ou involontaires dont il est l'objet depuis quelques jours. Tant d'extravagances débitées en son nom seraient de nature à lui montrer qu'il a parlé trop tôt, s'il était encore possible de tenir compte des faits et gestes des *Gazettes* légitimistes. Étranges légitimistes, qui, après avoir sacrifié la grande cause de la Restauration sociale à des combinaisons point monarchiques, point populaires, et encore moins politiques, ont fini par venger la bourgeoisie des sarcasmes de Molière, en créant un personnage plus ridicule que le Bourgeois-Gentilhomme, le Gentil-

homme-Électeur, démagogue malgré lui ! Un Montmorency protes-
tant contre le monopole dans l'intérêt du suffrage universel !

Dès la session dernière, M. de Lamartine, dont les Gazettes,
selon leur système d'adoption quand même, ont fait un de leurs
candidats, a prononcé quelques discours qui peuvent faire pressen-
tir les tendances de l'opinion nouvelle. Autant que nous pouvons
nous permettre d'expliquer sa pensée comme nous l'entendons
nous-mêmes, M. de Lamartine connaît trop bien l'étendue et la
valeur des *doctrines de la légitimité*, pour jamais devenir l'allié d'un
parti qui a puérilement joué les principes authentiques et les grands
intérêts qu'il devait représenter. Dès le lendemain de la révolution
de juillet, M. de Lamartine a compris qu'après le départ de la branche aînée, il restait en France quelque chose de plus intimement
lié aux principes essentiels de l'ancienne légitimité sociale qu'un en-
fant en tutelle sous deux abdications douteuses, dont l'entourage
n'était pas de nature à lui concilier le suffrage universel : je veux
dire la religion catholique, la grande propriété territoriale, les *familles ancestrales* de France ; sans oublier la monarchie constitutionnelle, établissement récent, il est vrai, mais devenu aujourd'hui
la dernière sauvegarde de ce qui doit subsister de l'ancienne société
française. Et, comme après une révolution qui n'était pas un effet
sans cause, la préservation du droit ancien ne pouvait avoir lieu que
par l'instauration et la consolidation des droits nouveaux, M. de Lamartine s'est montré fort sage en sacrifiant la question dynastique
à la question sociale. A mesure qu'il avancera, et le pays avec lui,
sa pensée deviendra plus nette, plus précise, plus pratique. Nous
avons lieu d'espérer que bon nombre des nouveaux élus s'y asso-
cieront et apporteront leur tribut d'expérience et de sagesse à cette
doctrine à la fois conciliatrice et progressive qui s'élève sur les ruines de *la légitimité* et de la *souveraineté du peuple* pour donner un
nouveau titre moral au maintien de l'ordre actuel, et pour chercher à satisfaire les intérêts positifs de toutes les classes.

Mais lorsqu'un fait social et politique vient frapper à la porte des
chambres législatives, on peut le considérer comme l'expression
d'un travail qui a lieu dans le sein même de la société. Et, sous ce
rapport, les preuves ne nous manqueront pas pour convaincre les
plus incrédules.

Voici ce que disait au mois de juillet de l'année dernière une feuille qui, sans doute, ne sera point suspectée de se laisser entraîner par l'esprit d'innovation :

« Il y a dans notre jeunesse beaucoup d'hommes qui sont jeunes d'idées, beaucoup d'hommes qui pensent avec raison qu'il faut que chaque siècle ait son esprit et sa *doctrine sociale*, la sienne et non celle de son père ou de son aïeul. La jeunesse, que tourmente ce noble besoin d'initiative, n'est point pour le ministère actuel, cela est fort possible ; mais à coup sûr, elle est encore bien moins pour l'opposition. »

(Journal des Débats, 2 juillet 1833.)

Et nous répondions dans l'*Europe Littéraire* :

« La jeunesse est pour le progrès social, et le progrès social ne se fait point seulement par opposition au pouvoir, mais par des institutions positives. C'est en ce sens que la jeunesse se sépare de ce qu'on appelle l'opposition ; c'est en ce sens qu'elle se rallie conditionnellement au pouvoir actuel. Le pouvoir actuel n'a eu encore qu'une action défensive ; mais il légitimera ses actes aux yeux des hommes qui représentent les besoins et les intérêts nouveaux, en ouvrant une large voie d'études sociales et d'améliorations effectives accomplies dans l'intérêt de tous. »

Nous ajoutions :

« Quels sont donc les hommes qui ont commencé et propagé ce mouvement ? Ceux-là même que l'on voulait écraser par le ridicule et étouffer par le silence, et qui, de toutes parts, ont été traqués et mis à l'index comme *rêveurs et utopistes*? Sans doute, il y a du vrai dans ces accusations. Comme toute chose qui s'essaie et qui est seule, le travail du jeune *parti social* n'a pas été sans aberrations : plusieurs se sont enivrés, étourdis et perdus au combat contre les anciens pouvoirs qui ne voulaient pas entendre leur voix. Accourus autour de l'idée nouvelle, par cette loi singulière mais constante qui attire à l'initiative à la fois les intelligences saines et hardies et les imaginations les plus folles, d'autres, en plus grand nombre encore, sont venus embarrasser de leur ignorance et de leurs rêves insensés les premiers développemens de l'embryon social. Mais enfin de grands travaux se sont exécutés par la presse ou par la parole ; plusieurs feuilles périodiques se publient sous l'influence de ces idées ; des ouvrages capitaux ont été signalés à l'étude et à la réflexion.

6

« Croit-on maintenant que si, au lieu de s'effrayer de l'apparence sans
aller au fond des choses, les organes de la presse, qui représentent les intérêts de conservation, avaient adopté pour principe d'étouffer, par la question
sociale, les agitations turbulentes des partis, croit-on, dis-je, que la France
n'eût pas beaucoup gagné au mouvement d'enseignement et d'élaboration
qui serait résulté de la discussion entre ceux qui proposent des solutions d'a-
venir social et ceux qui jouent, dans la société, le rôle si légitime, si important, si nécessaire, de défendre pied à pied la tradition historique
et l'actualité contemporaine, contre les attaques ou bien contre l'initiative, même inoffensive, de l'esprit nouveau. »

(Europe littéraire, 5 juillet 1833.)

Là-dessus, la presse de Paris gardait le silence le plus obstiné.
Mais la presse de Paris, celle de l'opposition surtout, a perdu presque toute son influence. Les dernières élections l'ont bien prouvé.
L'idée marchait donc sans elle, et les organes les plus remarqua-
bles de la presse départementale adoptaient la bannière du progrès
social. Nous ne parlerons pas seulement du *Breton*, journal de Nan-
tes. Il commence à devenir notoire que cette feuille, l'une des mieux
établies en France, s'est déclarée, dès le principe, pour la question
sociale contre la question politique, considérant le mécanisme constitutionnel, tel que nous l'ont donné quarante années de remaniemens
consécutifs, comme un instrument parfaitement approprié à l'exécution de toutes les réformes intellectuelles et industrielles, qui
conviennent à l'état présent de la société. La ligne suivie par les directeurs du *Breton* est toujours ordonnée par rapport à ces principes. Citons, pour exemple, la manière dont ils caractérisent la mission de la prochaine législature :

« La chambre de 1834 doit surtout se garder d'encourir le reproche que
les anciens mandataires de la nation ont par-dessus tout mérité. Je veux
dire l'étroitesse de vues et l'absence de toute harmonie dans leurs travaux.
Nonobstant les paroles éloquentes qui ont été entendues, nonobstant les discussions vives, animées, pleine d'élévations parfois, que les partis aux prises
ont souvent éveillées, cependant cette législature n'a rien laissé de monu-
mental, rien qui la recommande au souvenir national. Si ce n'étaient les
grands services qu'elle a rendus à l'ordre public, et qui lui méritent la reconnaissance des contemporains, je ne sais trop si nos neveux sauraient
un jour quels furent trois ans durant les travaux de nos législateurs. Nul

n'est allé plus loin que le présent. Nul n'a porté ses regards au-delà de l'horizon très-sensible du budget annuel et de quelques lois de police. Je me trompe, il est vrai, une grande et belle loi a été votée pendant cette lé·gislature; mais, en vérité, il faut donner une couronne à M. Guizot pour sa noble sollicitude à l'égard de l'instruction publique, et déchirer des fastes de la chambre, les pages où sont écrites les discussions sur l'éducation primaire. Si l'adoption de la loi n'eût consolé de la tristesse des débats, je ne sais lesquels il eût fallu plaindre davantage des législateurs ou de la nation. Hors de cette loi de prévoyance, vous n'apercevez plus rien pour l'avenir. Là s'arrêtent les tentatives de la chambre de 1831. Le reste n'a plus d'entrailles.

Maintenant il nous faut des hommes dont les regards moins timides osent s'étendre avec les nôtres et percer au-delà d'un constitutionnalisme vulgaire, vers les terres nouvelles que notre foi aperçoit au loin. Il nous faut des hommes qui s'adonnent principalement à l'étude des questions sociales, et dilatent, par la science, l'espace étroit où l'on promène les discussions. Il faut surtout qu'ils épient les idées nouvelles, les intérêts qui se font jour, afin de les illuminer de plus en plus du jour de la publicité, afin qu'ils arrivent à plus prompte maturité.

Une chambre n'est pas seulement un officine à budget, un laboratoire où se préparent des lois de toute nature, c'est encore la plus haute chaire de l'éducation sociale d'où le verbe, sans cesse renaissant, des sommités intellectuelles, fait circuler partout la vie, la science, la lumière, et provoque tout ensemble le mouvement et la création. Par un échange continuel d'idées, tour à tour l'esprit public est nourri de la parole qu'il a recueillie des lèvres du législateur, et le législateur lui-même se ravive de la pensée que lui apporte l'écho populaire.

Mais si, tandis que l'opinion publique gagne et monte, ses mandataires s'attardent ou font halte; il arrive que la civilisation s'attarde et fait halte à son tour par la dissonance fâcheuse qui se fait entre la philosophie d'un peuple et ses lois. Le premier effet qui en résulte est que le peuple méprise ses lois autant que ses législateurs, et qu'il se prend à des idées de révolution et de violence pour changer sa situation. L'individualisme devient la seule croyance. Chacun exploite à son profit et rapporte à soi : l'esprit public dépérit et se perd; le marasme gagne la nation entière. Elle cesse bientôt d'être nation sous le sabre de la conquête, ou si elle se ranime, il faut qu'elle passe par le feu d'une révolution. C'est la rosée du ciel qui ravive les forces de la nature épuisée, mais c'est la lave du volcan des révolutions qui reverdit les vieux peuples.

Quand nous demandons pour la chambre de 1834, un nouvel esprit, nous n'entendons assurément pas qu'elle incline plutôt vers les voies de

8

l'ancienne opposition, telle qu'elle est dessinée jusqu'ici. Il vaudrait mieux
encore rester ce qu'elle fut, que d'éprouver une semblable transformation.
Les bancs supérieurs de la chambre n'ont été ni plus progressifs ni plus in-
telligens que les autres. La différence qui les distingue consiste seulement
en ce que les centres voulaient nous garotter malgré nous dans les formes
étroites du présent, tandis que les prétendus progressifs s'efforçaient de faire
rentrer notre âge adulte et vigoureux au moule de notre enfance constitutionnelle.

Maintenant que, de commun accord, ou à peu près, la politique est proclamée impuissante pour satisfaire à ce besoin de bonheur qui travaille la
société entière, il ne reste plus qu'à sonder là sociabilité elle-même, et à
passer par-delà les théories vulgaires, jusqu'aux profondeurs de la question
humanitaire. Non pas que nous demandions des résolutions soudaines, de
nouvelles formules pour les appliquer bien vite à l'état social, sans autre
considération que l'amour mal entendu des réformes. Nous le savons depuis long-temps, une civilisation ancienne ne se met pas au rebut comme
un manteau usé ; une civilisation qui surgit, n'illumine pas tout à coup le
monde comme le premier jour de la création le soleil fit jaillir des flots de
lumière sur l'œuvre des mains de Dieu ; elles se confondent pendant des
siècles, et ce qui doit périr ne s'éteint que peu à peu. La rénovation se fait
par le travail, la science et la philosophie, et surtout le concours du temps.
C'est pourquoi l'espace d'une législature n'y saurait suffire ; d'ailleurs, ce
grand labeur excède visiblement la portée de nos législateurs. Mais nous demandons seulement que les nôtres apportent au moins une pierre à l'édifice, qu'ils nous consolent de la sécheresse du présent, en récréant nos
espérances d'un avenir plus beau. Ils peuvent favoriser une tendance, en-
courager un effort, tenter un moyen, renverser un abus, faire voie à la ré
novation. Qu'ils soient les auxiliaires des travailleurs du dehors, et prêtent
la voix sonore de la tribune aux idées de progrès et de civilisation qui ger-
ment partout.

Nous croyons reconnaître à cette touche le *député de la Loire-In-
férieure* qui a laissé dans la presse de si beaux souvenirs, et qui,
aujourd'hui, se trace à lui-même une carrière où il peut encore rendre à son pays les plus éclatans services.

Même mouvement à Bordeaux. Un homme qui s'est acquis un
beau renom de talent et d'indépendance, celui qui l'un des premiers
en France a eu le courage de comprendre et d'expliquer dans son véritable sens la révolution de juillet, M. Henri Fonfrède, a quitté la défensive pour reprendre avec son ardeur habituelle l'initiative, d'un mou-

vement que nous appellerions volontiers le second temps d'évolution de la société moderne. M. Fonfrède a tout fait pour que les électeurs de la Gironde suivissent cette impulsion; la nomination de MM. Guestier et Ducos est un succès où il peut s'attribuer une grande part, et il n'a pas dépendu de lui que l'arrondissement de Bazas n'envoyât à la chambre l'un des plus jeunes et en même temps l'un des plus dévoués champions de la cause sociale, M. Henri Galos. Il faut rendre justice aux nobles sentimens qui ont porté M. Galos à se retirer devant M. Nicod; mais, outre qu'il n'a pas assuré l'élection de son compétiteur, il n'aurait jamais dû oublier qu'en politique l'intérêt social est une loi qui domine toutes les autres, Or, un représentant des idées de réédification pacifique et progressive vaut mieux à la chambre que tout homme, quelque honorable qu'il soit d'ailleurs, engagé dans les inextricables ambages d'une opposition sans idées, et qui ne peut arriver à son but, si toutefois elle a un but, qu'après un mouvement révolutionnaire qu'elle aura laissé faire par d'autres. Au surplus, M. Galos a publié en cette occasion une profession de principes qui le conduira tôt ou tard à la tribune où il serait l'un des représentans de « ce nouveau libéralisme qui tend à concilier l'autorité » et la liberté, le droit et le devoir, l'existence de la société et le » bien-être individuel. »

« Je crois, a dit M. Galos dans sa lettre aux électeurs de Bazas, je crois que le temps est venu où l'opposition libérale et dynastique à laquelle j'appartiens, et qui a d'autres prétentious que celles de répéter 89, doit abandonner le terrain politique et consacrer ses efforts aux améliorations sociales en faisant l'application de ses principes à notre système économique. L'action destructive doit avoir un terme : assez de ruines et de débris comme cela ! Il faut actuellement organiser et réédifier. Voilà l'œuvre pour laquelle je me reconnais une solidarité, voilà le but que j'aurais voulu atteindre, décidé à combattre le gouvernement s'il y fait obstacle, ou à l'appuyer s'il marche dans cette voie. En résumé, mon opposition est de *réforme* et non de *destruction*.   (*Mémorial bordelais.*, 7 juin 1834).

Dans le même journal, M. Henri Fonfrède écrivait le 14 juin :

« Au milieu des élans de la jeunesse, autant que dans les réflexions moins colorées de l'âge mûr, toujours cette image de liberté pacifique, marchant à mes côtés, a ranimé mes espérances, que l'aspect des passions haineuses et des petitesses politiques du moment, a souvent contristées et flé-

10

tries, mais qui ne se sont jamais éteintes, et qui, je le vois maintenant, ne s'éteindront jamais.

« Courage donc!... Souvenons-nous que les grandes choses, quoi qu'on en dise, ne se font point par les petits moyens? Souvenons-nous que la rénovation sociale d'une nation n'a rien de commun avec les tergiversations momentanées des coteries ou des partis; portons au sommet de la machine politique, à la chambre élective, qui légalement au niveau des autres pouvoirs, les domine virtuellement par la nature même des choses, non pas des hommes d'argumentation et de déguisement, tout cela est petit, mesquin, impuissant, au milieu de la transformation qui remue le monde, mais des hommes qui, dans leur sagesse même, ne manquent pas d'une certaine exaltation; des hommes qui aient foi en eux-mêmes, non par orgueil, mais par patriotisme; des hommes qui, précisément parce qu'ils sont ceux de la nation, seront ceux du pouvoir toutes les fois qu'il sera national; — ne croyez pas qu'il en faille un très-grand nombre pour donner l'impulsion; si nombreux qu'ils fussent, leurs efforts seraient sans succès, si la conscience publique ne vibrait pas à l'avance des mêmes sentimens qu'eux; mais dans l'état actuel des esprits, dans l'ère de pacification qui commence, ce n'est pas une armée d'hommes politiques qu'il nous faut, c'est un drapeau! Qu'une véritable pensée gouvernementale soit proclamée hautement, elle retentira partout à la fois. Voyez l'effet qu'ont produit les premières paroles de M. Lamartine! Et combien cet effet n'aurait-il pas été plus efficace sans le brouillard de légitimisme qui obscurcit encore les rayons de son talent! »

Enfin, le jour même des élections, M. Brun, maire de Bordeaux, président du premier collége électoral, s'exprimait ainsi :

« Nous sommes fatigués de ces luttes intestines qui remettent sans cesse tout en question : nous avons acquis les droits réclamés avec instance pendant quinze années d'une opposition consciencieuse; nos institutions ont en quelque sorte devancé nos mœurs. Que demandons-nous encore? La paix civile, le bien-être, l'accroissement de la prospérité matérielle, objet des vagues désirs qui nous agitent, espérance inquiète que les partis exploitent et dénaturent au profit de leurs passions. Eh bien! messieurs, c'est de la chambre que vous allez nommer, que nous réclamerons la réalisation de ces bienfaits; elle doit, elle peut nous les donner; mais tout dépend des hommes dont vous allez composer cette assemblée; car, comme l'a très-bien dit un de nos jeunes concitoyens, c'est l'œuvre de l'édification qu'il s'agit d'entreprendre.

» Les symptômes que laisse percer l'opinion publique manifestent partout cette heureuse tendance, et Bordeaux semble vouloir se mettre à la tête du mouvement organisateur.

» Électeurs ! commencez donc vous-mêmes l'œuvre nationale, en choisissant avec discernement le citoyen le plus capable de la mener à fin ; c'est-à-dire, celui qui, d'accord avec la majorité des Français sur les questions fondamentales de dynastie et de gouvernement, n'aura à s'occuper que de l'administration du pays, des moyens d'accroître ses richesses et de diminuer ses charges ; et qui, portant dans le sein de l'assemblé parlementaire ces lumières et la conviction dont il est pénétré, contribuera le mieux à produire les heureux fruits que nous promettent le système représentatif et la monarchie de 1830.

» Que si, au contraire, cédant à des regrets inutiles, à de vieux ressentimens, vous vous reportez à un régime usé et désormais impossible ; ou bien, franchissant avec une impatience inconsidérée les périodes que l'humanité doit parcourir progressivement, vous exigiez plus que ne comportait l'état de nos mœurs et de nos intelligences ; alors, messieurs, cet avenir qui, pour toutes les ames confiantes, se révèle brillant et prospère, ne serait qu'abîme et bouleversement ; d'un côté marche rétrograde, de l'autre confusion et désordres.

» Choisiriez-vous l'un de ces deux extrêmes ! non, sans doute ; tous les bons citoyens, tous les hommes éclairés sentent bien que seulement *sur ce qui est*, nous avons à construire le nouvel édifice. La question sociale tout entière est là, et votre vote, messieurs, prouvera que vous l'avez bien comprise. »

Citerons-nous encore l'*Impartial* de Besançon, dont les idées sont parfaitement d'accord avec les nôtres, et, après l'*Impartial*, le *Mémorial de l'Allier*, le *Journal de Saône-et-Loire*, le *Mémorial du Calvados*, la *Gironde*, etc., etc.

Nous aimons mieux prendre acte d'une confirmation plus inattendue, car elle vient de la presse parisienne. Il y a quelques jours, le *Journal du Commerce*, dans un article assez développé, a signalé l'existence du parti social ; il a même très-bien défini son but et sa manière de procéder. Cependant l'auteur de l'article nous semble avoir énormément forfait à la logique et à la bonne politique en désignant MM. de La Mennais et de Chateaubriand comme les précurseurs de ce mouvement. Bien loin de servir le *parti social*, le livre de M. de La Mennais, qui d'ailleurs ne contient que des déclarations anti-sociales, nous a suscité de nouveaux obstacles. Quant

12

à M. de Chateaubriand, qui a prononcé sur l'avenir du monde quelques paroles dont il ne se souvient plus sans doute, il faut avoir grand besoin de patronage pour en faire un des prophètes de l'ère sociale. La conduite politique de M. de Chateaubriand, depuis ces dernières années, serait de nature à compromettre une renommée moins solide que la sienne. Tous ceux qui admirent et respectent son génie, doivent donc jeter un voile sur ces retours de jeunesse, et ne point chercher à détourner de la publication de ses Mémoires le grand écrivain qui a tant de choses à nous dire sur le passé. S'il fallait trois poètes au *Journal du Commerce*, les noms de MM. Ballanche et Lamartine allaient mieux avec celui de M. Hugo ; et il nous semble qu'à côté des poètes on aurait pu trouver des hommes de découverte qui ont usé leur vie sans gloire à lutter pour l'innovation, et qui ont jeté les premières bases scientifiques de l'ordre nouveau. Ces noms, sans doute, sonnent mal à l'oreille des actionnaires et des abonnés, mais on est si surabondamment héroïque à lutter contre le pouvoir et à lui dire intrépidement ce qui vient au bout de la plume, qu'il serait temps de résister, un tant soit peu, aux caprices et aux préjugés du public. C'est là, nous le croyons, un des devoirs les plus rigoureux des hommes du parti social.

Nous avions besoin de tous ces faits pour constater d'une manière irréfragable l'existence d'une opinion qui nous paraît, mieux que toute autre, représenter l'avenir de la France. Cette opinion qui se distingue à la fois de l'opinion républicaine, de l'opinion légitimiste et de l'opposition constitutionnelle, ne vient point susciter au pouvoir un ennemi nouveau : elle prend la tâche au point où le pouvoir est forcé de la laisser.

C'est là, selon nous, le caractère distinctif de la politique positive. A cette condition seule, nous pouvons prétendre à former une alliance à l'abri de toute récrimination et de toute méfiance. Ce n'est point avec des arrière-pensées sur le présent qu'on bâtit pour l'avenir, et mieux vaut se faire, par une sincérité intrépide, quelques amis et beaucoup d'ennemis, que de se neutraliser par l'indécision en se plaçant, vis-à-vis de tous, dans une position ambiguë et mal dessinée. Les novateurs qui cherchent à détruire avant d'édifier sont aussi peu sages, que si, voulant se construire une maison, ils commençaient par brûler celle qui serait destinée à les abriter pendant la durée de leur travail. L'acceptation franche et formelle de la société, telle qu'elle est aujourd'hui constituée, nous paraît donc le point de départ obligé de l'opinion nouvelle.

Cette opinion cherche encore son nom. Le mot de *parti social* a été prononcé. Si, par parti, on entend un groupe d'hommes comprenant d'une certaine manière les intérêts généraux de la société, il y a en France un parti social, dont le but est la régénération des croyances et des institutions, et qui veut arriver par des moyens légaux à la satisfaction de tous les droits, de toutes les réclamations, et même de toutes les prétentions légitimes. Que si, au contraire, ce qu'on appelle parti est une ligue passionnée et une opposition systématique au profit de tel ou tel intérêt qui ne pourrait se concilier avec le droit de tous, nous disons que l'union formée au nom de la question sociale vient précisément pour porter remède à ce mal funeste, qui, depuis si long-temps, pousse notre pays à déchirer ses entrailles.

Nous sommes heureux de voir s'approcher le jour où ce grand résultat doit être obtenu. Depuis long-temps nous y travaillons, et la *Revue du progrès social* a été fondée pour en faciliter l'accomplissement.

Afin qu'il ne fût pas possible de se méprendre sur le caractère de nos idées, nous avons voulu tout d'abord les consigner dans un *exposé de principes* destiné à servir de programme à notre rédaction. Des suffrages illustres ont accueilli cette première manifestation ; les plus beaux noms de la science et de la poésie ont bien voulu nous exprimer leurs sympathies.

Nous publions aujourd'hui cet *exposé de principes*.

Nous avions pensé d'abord à nous abstenir de préciser les réformes dont nous désirons préparer la réalisation ; c'est en effet la tactique usitée aujourd'hui de ne donner au public que des pensées vagues et élastiques ; de garder pour soi ce que l'on a de positif, quand toutefois on a autre chose que sa propre ambition ; et de laisser enfin la porte ouverte à tout événement. La politique de vérité ne peut accepter de tels procédés. D'ailleurs, ne reproche-t-on pas toujours aux idées nouvelles de demeurer à l'état de prospectus, et de ne pas se montrer par le côté le plus saisissable. Nous avons tenu à mettre nos amis et nos ennemis dans l'impossibilité d'articuler

14

contre nous ce grief ; et, suivant pas à pas les voies *légales* ouvertes
à l'action politique, nous avons tracé, pour chacun des ministères,
une longue série d'améliorations. Sur tous ces points nous ne pré-
tendons encore que mettre à l'étude des questions, qui, pour passer
à la réalité, exigent l'intervention de toutes les aptitudes spéciales.
Nous tâcherons de donner nous-mêmes l'exemple de ce qui doit
être fait dans ce genre.

Une chose doit frapper au premier abord dans nos vues : c'est
la masse énorme d'innovations reconnues possibles avec le corps
politique actuellement établi et dans l'intérêt même de sa conservation et de son développement. Cette simple considération suffit
pour faire reconnaître toute la distance qui nous sépare des partis,
lesquels, avant même de fonder une école de village, demandent
des changemens de dynastie et des réformes électorales. Ce que
nous demandons, nous, ce sont des améliorations intellectuelles et
industrielles ; et, en fait de réforme politique, la seule qui nous
paraisse efficace, c'est celle qui tend à donner de meilleures idées
au corps électoral et au corps législatif.

Puisse cette attitude qui offre tant de garanties à l'ordre, déterminer au progrès ceux qui, jusqu'ici, s'y sont montrés rebelles !
Puisse l'idée de tant de bien possible sans secousses et sans pertur-
bation politique, arracher aux luttes et aux intrigues de parti les
ames honnêtes qui se laissent prendre encore chaque jour à des
faux-semblans, oubliant, pour les regrets et les désappointemens
de quelques-uns, l'intérêt de tous et leurs propres devoirs envers
l'humanité !

PRINCIPES

D'UNE ALLIANCE POLITIQUE

AYANT POUR BUT

DE METTRE FIN À LA LUTTE RÉVOLUTIONNAIRE

PAR L'INITIATIVE DU PROGRÈS SOCIAL.

Il y a une manière d'envisager notre situation politique qui change tout-à-fait les termes de la question que débattent ensemble le gouvernement et les partis.

Entre les partis et le gouvernement, nous ne voyons en effet qu'un débat. — Des droits acquis occupés à se défendre, et qui se défendent tout aussi bien qu'ils peuvent avec les moyens dont ils disposent : des prétentions nouvelles qui attaquent, et qui, faute d'avoir trouvé les voies d'une *occupation* légitime, veulent obtenir par l'*usurpation* révolutionnaire. Agression et répression, lutte incessante et continue dans un cercle vicieux : voilà notre position actuelle aux yeux de tous ceux qui suivent le train des affaires et le courant de la presse ou de la tribune nationale.

D'un autre côté, au contraire, si selon les nuances diverses, il y a incertitude ou adhésion, inquiétude ou calme, par rapport à l'état présent des choses, nous trouvons, du moins, accord sur les espérances d'avenir. Cet avenir apparaît glorieux, assuré, fécond , appuyé à la fois sur le développement le plus libre des forces individuelles et sur l'extension la plus large de la prévoyance sociale. C'est ici le domaine des générations nouvelles et de tous les hommes éclairés qui arrivent à l'influence politique. Cette opinion , aussi bien que les autres, a ses représentans actifs ; des hommes de talent et de courage pour la développer, de hautes situations sociales pour l'appuyer de leur influence. Malheureusement elle n'est encore qu'une force latente qui se fait jour à grand'peine, précisément parce qu'elle veut dominer les partis et qu'elle tend à les dissoudre.

Qu'arriverait-il pourtant si ce qui demeure concentré entre quelques hommes se montrait au grand jour de la publicité et sur le terrain de la discussion quotidienne ? Il y a lieu d'espérer que la situation de la France changerait presque subitement, et que l'opinion publique passerait du doute à l'espérance , de la colère à l'action pacifique et progressive.

Il est permis maintenant de s'étonner que ces tendances soient placées, par les intérêts rétrogrades, en dehors du droit commun, ou subordonnées, même par ceux qui les acceptent, aux affections dynastiques, aux passions révolutionnaires, aux petites querelles de l'opposition contre le pouvoir. Toutefois la raison de ce fait existe, et il est important qu'elle soit comprise.

En tant qu'élaboration théorique et spéculative, la recherche du progrès, mal secondée par la presse politique, est demeurée à peu près sans lien avec les intérêts contemporains. L'isolement a entraîné l'erreur, les prétentions exagérées, l'extravagance même ; en sorte que les matériaux de l'avenir ne présentent encore qu'un tout confus où les élémens subversifs se confondent avec ce que l'innovation aurait de possible et de légitime.

Quant à l'action de cet esprit nouveau dans les affaires usuelles, elle n'a été qu'accessoire, indirecte, et par conséquent presque insensible. Soit faiblesse , soit inexpérience , soit que le jour de se manifester ne fût pas encore venu, les hommes qui appartiennent à cette pensée politique et sociale, au lieu de chercher à se créer une individualité propre, n'ont été jusqu'ici que les appendices de toutes les opinions, quelquefois les auxiliaires maladroits des partis et de l'intrigue. Or , s'il y a un fait prouvé par la raison et démontré par l'expérience, c'est bien qu'un principe *mésallié* produit des résultats contradictoires à son but, et qu'il ne peut avoir de valeur effective qu'autant qu'il travaille pour son compte.

L'initiative d'une alliance politique prise en leur propre nom par les hommes du progrès social, tel est, à notre avis, l'unique moyen d'engager efficacement la grande action qui doit ouvrir l'ère de RÉÉDIFICATION. C'est pourquoi nous nous sommes réunis afin de dire à notre patrie ce qui nous paraît utile à sa gloire et à sa prospérité, ce que nous-mêmes croyons devoir faire pour la servir.

L'intérêt le plus pressant de la société française est qu'elle cesse de vivre au jour le jour, et que, renonçant à une politique purement défensive, elle se trace en dehors de la voie révolutionnaire une carrière de prévoyance et d'avenir.

Les termes généraux de cette œuvre sont posés. Pour que tous y adhèrent, il ne manque plus à l'esprit nouveau que d'avoir constaté son existence au sein même de la société, aux chambres législatives, dans la presse, dans les chaires du haut enseignement, dans la vie littéraire et dans la vie civile. Car le bon principe, le principe social est partout, et s'il est encore étouffé par des cris de colère ou de sédition, c'est qu'il n'a point osé et voulu. — Qu'il veuille, et il triomphera...

L'avénement du principe social dans la discussion des affaires publiques exclut toute arrière-pensée destructive de l'institution actuelle du pouvoir. Sans doute ce pouvoir est un produit révolutionnaire, en ce sens que la force a joué un rôle dans son établissement et qu'il subsiste en luttant contre deux oppositions extrêmes. Mais ces conditions d'origine et de conservation sont à peu près les mêmes pour le plus grand nombre des pouvoirs qui se sont établis dans l'histoire, ou qui régissent en ce moment les états européens.

L'action libre de l'intelligence humaine s'exerce sur les faits : lorsqu'elle n'a pas pu produire à son gré les institutions politiques, elle ne doit pas renoncer à s'en servir pour les améliorer, et, loin de chercher à les renverser par la force, il faut qu'elle les accepte comme les matériaux de son travail de perfectionnement. Partout où souffle l'esprit de guerre et de destruction, il n'y pas de droit social; et il s'agit alors de le constituer en établissant non pas seulement l'*ordre légal*, mais L'ORDRE LÉGITIME, c'est-à-dire un état où les intérêts en collision soient satisfaits et conciliés.

Nous nous séparons des deux partis extrêmes qui luttent contre le gouvernement pour le renverser, parce que ces deux partis, hostiles à l'état présent des choses, ne possèdent ni les élémens de la tradition qui peuvent subsister, ni les élémens du progrès futur qui doivent surgir. Le parti *légitimiste* et le parti *républicain*, procédant par dépossession et par déplacement, sont en dehors de la voie de droit et ne peuvent prétendre à fonder sans violence un ordre stable appuyé sur l'universalité des intérêts.

Nous nous distinguons également de l'opposition constitutionnelle, parce que, si elle arrivait au pouvoir, elle ne pourrait, sans nous conduire à l'anarchie, gouverner par d'autres principes que les hommes placés aujourd'hui à la tête de l'administration; parce que les changemens proposés par l'opposition, nuisibles à l'ordre sans être avantageux au progrès et à la liberté, ne touchent qu'aux questions secondaires du système politique et administratif; parce que l'opposition asseoit le droit social sur un principe dont elle ne peut admettre toutes les conséquences, et dont elle ne saurait donner une définition exacte, sur la *souveraineté du peuple,* c'est-à-dire la souveraineté du nombre; parce qu'enfin les causes profondes de la crise actuelle se rapportent à des faits placés au-delà des préoccupations et des théories négatives du libéralisme constitutionnel.

Ici nous nous trouvons en présence de l'administration actuelle. Quoique nous tenions bon compte au ministère de ses embarras et des difficultés sans nombre qu'il avait à surmonter, nous ne pouvons, quant à l'avenir, accepter la solidarité de son système. — Les vues *économiques* et *commerciales* sont étroites, et, par analogie avec les vues politiques, tout-à-fait insuffisantes pour porter remède aux douleurs de l'industrie — Où il faudrait un grand *financier* nous ne voyons qu'une comptabilité exacte et probe, mais routinière et forcée de maintenir des impôts onéreux, faute de savoir se créer des ressources pour les remplacer. — A la *guerre,* on ne peut nier une grande entente de l'organisation militaire , mais , en ce qui concerne le ménagement des deniers du contribuable et l'emploi productif de l'armée, il y avait beaucoup à faire et rien n'est entrepris. — A la *justice,* nous sommes encore au *statu quo* d'une législation incomplète et sous la main de fer d'un code pénal antichrétien , ayant pour sanction la mort, ou bien un système de bagnes et de prisons , où l'on trouve l'enseignement mutuel du crime plutôt que des moyens de pénitence et de réforme. — A *l'intérieur* aucune mesure d'amélioration ne vient compenser les excès et les misères de la police. Un jour suffit à décider, rédiger et présenter des projets de loi de répression : lorsqu'il s'agit d'abolir la mendicité par une vaste colonisation agricole, une commission nommée depuis un an , depuis un an ne s'est pas encore rassemblée !... — A *l'instruction publique* et aux *affaires étrangères* les idées sont plus élevées et les intentions plus nobles. Mais les hommes d'état qui représentent le meilleur côté de la pensée gouvernementale n'avouent-ils pas eux-mêmes qu'absorbés par les intérêts du présent, ils peuvent à peine s'occuper de l'avenir? Une bonne loi pour l'instruction primaire , la paix européenne maintenue à des conditions honorables, c'est beaucoup sans doute, mais ce n'est pas la solution de la crise la plus grave qui ait encore agité les sociétés humaines.

Et quant à l'existence de la royauté nouvelle, pivot de notre établissement politique, la neutralité n'est pas possible, et l'hostilité encore moins. Les uns, malgré leurs regrets et leurs affections , les autres, malgré leurs doutes sur la valeur définitive de l'hérédité , plusieurs malgré leurs répugnances et les préjugés de l'éducation révolutionnaire, tous doivent l'accepter comme le seul moyen d'ordre possible après la révolution de 1830. Toutefois elle n'aura conquis toutes les conditions de sa légitimité politique , que si elle se considère comme le point de *jonction* entre les traditions d'ordre et les besoins de progrès : si elle se comprend et se dirige , non pas seulement comme la puissance exécutive de l'intérêt bourgeois , mais comme *Souveraine à titre nouveau,* appelée au patronage de la grande société pacifique qui se dégage du droit de conquête, pour constituer, au profit de TOUS , les droits de l'intelligence et du travail.

Ainsi c'est d'un nouveau droit social et politique que relèvent ,

20

en France, et la légitimité du pouvoir, et la liberté des citoyens.

Si elle n'a pas conscience précise du droit qui la régit et la domine, la société n'est qu'un corps sans ame, un mécanisme inerte, sans volonté et sans but : elle peut bien posséder les matériaux de l'ordre, mais l'ordre lui-même n'existe pas encore.

Posée en ces termes, la question à l'ordre du jour pour les hommes nouveaux n'est pas seulement une question politique, c'est une QUESTION SOCIALE. Elle embrasse à la fois le droit public et le droit privé, les croyances, les intérêts, tous les faits de la vie domestique, civile et politique.

Faire surgir cette vaste question sociale au milieu des débats stériles de l'opposition, étouffer, au profit d'une grande pensée d'avenir, la lutte funeste du gouvernement et des partis : tel est le but de l'alliance que nous formons.

QUELS SONT LES PRINCIPES GÉNÉRAUX DE CETTE ALLIANCE?

Le mouvement révolutionnaire doit s'arrêter : non qu'il ait abouti à reconstituer la société, mais parce qu'après tous les bouleversemens devenus nécessaires par la résistance obstinée de l'ancien régime, après toutes les douleurs de la lutte et tous les mécomptes de la victoire, la science sociale est arrivée à une formule d'évolution politique qui, au nom du devoir et de l'intérêt, au nom de la justice et de l'utilité, repousse l'intervention de la force comme moyen efficace de résistance ou de progrès.

Admettant toutefois, pour une durée dont il n'est pas possible de prévoir les limites, la nécessité du système militaire comme garantie contre l'attaque, nous reconnaissons que la société humaine n'est assise sur ses bases naturelles que lorsqu'elle a pour but le développement de l'intelligence et de l'industrie, l'extension à tous les individus et à toutes les familles des droits généraux de l'éducation, du travail, de la propriété *héréditaire* et *transmissible*.

Tenter de s'organiser d'après ces principes, telle est la mission progressive de la France.

Il est bien entendu que la *propriété*, la *morale* et la *religion chré-tienne*, loin d'être mises en discussion dans la question sociale, sont autant de points cardinaux sur lesquels nous devons nous appuyer.

La propriété est un droit sacré de l'individu et de la famille ; c'est la réalisation matérielle de la personnalité : la loi ne peut l'atteindre que pour la garantir.

La propriété est l'instrument du travail de l'industrie. L'un des termes principaux de la question sociale, c'est l'organisation de l'industrie ; la propriété n'ira trouver les bras qui la demandent, que si elle est certaine du profit et garantie de la perte. Et d'ailleurs, comme expression de la valeur sociale des individus, avons-nous à notre disposition une autre mesure fixe et facile à déterminer ?

Sous le rapport moral, la société est ordonnée de manière que toutes les passions soient régies par et pour le sentiment de famille : faut-il détruire cette morale, lorsque les autres relations affectives sont troublées par les collisions d'intérêts ; lorsque la seule existence possible à l'homme qui veut travailler en paix et demeurer dans l'ordre, est la vie de ménage et par conséquent le mariage ? Ce que nous avons à faire de ce côté, c'est de porter secours à la loi civile, et de réaliser les vœux de la morale, en facilitant, par une *réforme industrielle*, les moyens de subsistance pour la famille et d'éducation pour les enfans. S'il est un fait déplorable, mais certain, c'est que le nombre des mariages, au lieu d'augmenter, diminue chaque jour, en raison de la difficulté de vivre, en raison de l'incertitude des fortunes et de l'extension des habitudes de luxe.

La loi de communion entre le catholicisme et le protestantisme, entre toutes les sectes et toutes les formes *administratives* et *dog-matiques* du christianisme, c'est la charité, la fraternité, le dévouement de l'individu à l'humanité. Le christianisme est la religion naturelle d'un état social où les intérêts sont en opposition, et dont la plaie est l'égoïsme.

Le travail que la France doit accomplir sous l'influence de son nouveau principe social est pour long-temps un travail tout intérieur ; mais la politique extérieure en ressentira l'influence indirecte. L'initiative de la réédification sociale doit expier la propagande révolutionnaire, et accomplir ce qu'elle n'a pu réaliser : l'alliance universelle des nations, l'échange libre des idées et des produits, la substitution du droit public des sociétés laborieuses au droit public des sociétés militaires.

Lorsqu'il s'agit d'organiser, la liberté ne se présente plus comme une faculté de résistance au pouvoir ; elle suppose l'action de la prévoyance sociale sur les destinées individuelles. Mais cette action n'est légitime qu'autant qu'elle aura pour résultat la satisfaction des intérêts et le bonheur de l'individu. Le principe du *sacrifice* appartient à l'ordre religieux : l'*intérêt* est le principe de l'ordre civil.

L'ancien régime, qui s'était fondé par la conquête, ne pouvait avoir pour occupation directe l'organisation du travail et des forces sociales. Il en est de même du *système constitutionnel*. Destiné à défendre l'individu contre les atteintes du despotisme, la bourgeoisie contre la noblesse féodale, le système constitutionnel se renfermait spécialement dans la sphère des droits politiques. La société ayant changé de but, il s'agit aujourd'hui de combler les lacunes du gouvernement constitutionnel, et de s'occuper particulièrement des élémens positifs de la condition humaine : famille, éducation, moyens de travail, professions, propriété, religion, art, science, industrie, système de médecine et d'hygiène publique, législation civile et pénale, service de charité et de secours.

Par conséquent l'esprit de notre alliance sera de subordonner toujours les questions purement politiques aux intérêts sociaux.

Un pareil revirement d'idées est d'autant plus urgent qu'il y a une infériorité marquée et une grande disproportion entre les institutions civiles, industrielles ou littéraires et les institutions *politiques* et *administratives*. Les droits du travail sont bien moins assurés que les droits électoraux et municipaux ; et lorsque les maires ou leurs conseillers ne savent pas lire, lorsque les électeurs ignorans sont à la merci de l'intrigue et dupes d'influences captieuses, ce n'est pas la Charte constitutionnelle qui est en défaut : c'est la prévoyance sociale.

Néanmoins le gouvernement représentatif-constitutionnel étant l'INSTRUMENT LÉGAL de toute grande amélioration, nous regardons l'usage de ses ressources comme le meilleur moyen de faciliter l'application des principes de la science.

S'il y a une science sociale reposant sur des principes qui doivent être démontrés par la raison et l'expérience, il est évident que nous ne pouvons accepter ni le dogme de la *légitimité* qui sacrifie la raison au fait d'une occupation antérieure et à la volonté d'un pouvoir irresponsable, ni le dogme de la *souveraineté populaire* qui subordonne encore la science à un fait matériel, à la majorité *numérique* des suffrages. Ces deux principes se détruisent l'un par l'autre, et, pris à part, ils aboutissent à des conséquences opposées à toutes les notions de droit, de justice, de liberté : ils ne sauraient être les titres d'une institution politique.

La souveraineté appartient aux idées et aux intérêts. L'intelligence propose, les intérêts sanctionnent et exécutent. Dieu seul, souverain absolu, présente toujours, dans l'accomplissement de ses desseins, l'identité du droit et du fait, l'accord de l'idée et de l'intérêt. Dans l'ordre humain, la souveraineté échoit aux individus en raison directe de leur intelligence et de leur puissance acquise ; elle descend et s'étend progressivement de la minorité à la majorité, et marche ainsi jusqu'à sa limite idéale, l'*universalité*. La souveraineté ne se mesure donc pas seulement à la *quotité* des votes, mais à la *quantité* d'intérêts représentée par chaque vote, et à la *qualité personnelle* du votant.

C'est là que nous trouvons les raisons d'existence de la constitution actuelle de la France. Mais en vertu de la loi de développement des familles et des individus, le progrès de notre constitution suppose l'extension indéfinie du droit de voter, à condition toutefois que l'extension de ce droit ait pour cause antérieure et pour base primitive la *valeur sociale* des individus. Qui déterminera cette valeur? L'intelligence libre et responsable de la majorité effective. Dieu l'avertit de ses écarts par les révolutions, et punit ses fautes par la chute des empires.

Une réforme électorale devrait être la conséquence immédiate des principes que nous posons; car, dans la constitution de 1830, le droit électoral nous paraît fixé à un titre trop élevé. Cependant, vu l'état actuel de la société, vu les circonstances de son éducation politique, vu l'intempérance de l'esprit novateur et les craintes légitimes de l'intérêt de conservation, nous pensons qu'en ce moment l'extension des droits électoraux ne saurait avoir lieu d'une manière directe; mais, à plus forte raison, doit-elle être favorisée indirectement par les lois civiles sur la propriété littéraire et scientifique, par un système économique propre à faciliter l'acquisition du titre électoral.

La France est fatiguée de demander vainement le bonheur social aux réformes administratives et constitutionnelles ; elle sent qu'il faut à présent, non un renouvellement de personnes, mais un renouvellement d'idées et de doctrines. L'éducation du corps électoral n'est plus en harmonie avec le progrès des sciences morales et politiques.

En tous cas, le CENS, soit pour l'*électorat*, soit pour l'*éligibilité*, doit demeurer à jamais la base matérielle de notre institution politique. Mais l'amélioration immédiate consiste à faire concorder le cens et la capacité.

L'hérédité monarchique, outre qu'elle est une condition de paix extérieure en maintenant notre homogénéité avec les états européens, a été jusqu'ici le seul gouvernement à l'épreuve du temps, dans des sociétés aussi compliquées que les nôtres. Il y a prescription en faveur de l'hérédité monarchique, et nous vivons à l'abri du droit ancien, faute d'avoir trouvé les formes d'un droit nouveau. Qu'importe? Si, *à côté* et *au-delà* du principe monarchique, l'évolution sociale est possible, et si, autour du tronc traditionnel, les tiges de l'avenir peuvent pousser. Pour le présent, l'hérédité monarchique est compatible avec les besoins de progrès social ; pour l'avenir, elle se rattache à la constitution de la famille et à l'établissement général des lois de l'héritage. Mais cette œuvre n'est pas de notre époque.

Par cette raison, nous ne trouvons rien à dire sur l'avenir de la pairie actuelle, laquelle ne se rattache pas à la tradition et ne porte pas en elle le principe de la généalogie sociale. Que la *pairie viagère* représente, pour l'action législative, l'expérience des idées et des affaires, l'influence des grandes corporations civiles et judiciaires et des illustrations acquises, elle tient une place légitime dans le corps politique : elle serait tout ce que nous pouvons désirer aujourd'hui, si, devenant la récompense assurée du citoyen qui aurait obtenu trois réélections successives à la chambre des députés, elle permettait que, sans violer la reconnaissance due aux services honorables, on fît disparaître un grand abus de nos mœurs politiques. Nous voulons parler de la députation échue viagèrement à quelques individus et à quelques noms privilégiés. C'est par la chambre élective que l'innovation s'introduit dans le corps social : pour que la chambre élective subisse l'influence des idées, elle doit suivre, dans son *roulement* la marche des générations, et ne pas s'encombrer d'hommes vieillis.

La base des lois *municipales* et *départementales* est déjà posée. Ces lois seront achevées suivant les mêmes principes. Quelque imparfaites quelles soient, elles sont en harmonie avec la constitution de 1830 ; elles suffisent, tant bien que mal, aux affaires politiques, surtout lorsque toutes les questions sociales sont encore à débattre. Assez de constitutionnalisme pour quelque temps. Cultivons le champ du progrès par *assolement*, et passons successivement de la sphère politique à la sphère civile, de la sphère civile à la sphère intellectuelle et industrielle.

Ainsi donc, en termes généraux, nous acceptons le mécanisme politique tel qu'il est sorti de la révolution de 1830, et, le vivifiant par de nouvelles idées, nous voulons essayer de lui faire produire des fruits solides pour le bonheur des individus. Le bonheur des individus, voilà le but de la politique, et le bonheur national n'a pas d'autre expression que l'addition de tous les citoyens heureux.

Mais par là même que le gouvernement représentatif-constitutionnel doit prendre l'initiative et entrer dans une carrière neuve et hardie, une loi explicite et rigoureuse sur la composition du conseil des ministres, sur les attributions des divers ministères, et sur la responsabilité personnelle des ministres devient le complément nécessaire de la constitution de 1830 et le préliminaire obligé de l'action sociale du pouvoir.

Une fois l'organisation des ministères arrêtée, les attributions fixées, la responsabilité garantie (et ici presque tout est à refaire), chacun des ministères spéciaux a devant lui une tâche de longue haleine : les améliorations les plus efficaces peuvent s'accomplir de plain pied avec nos mœurs et nos lois politiques.

MINISTÈRE DES FINANCES.

Dans une société qui a pour but le travail et le bonheur terrestre,

26

tous les obstacles et tous les moyens de gouvernement se rattachent au système financier.

Il y a quelque chose de plus efficace pour le bien-être public que la diminution de l'impôt, c'est la fondation d'institutions industrielles qui favorisent la production de la richesse, la répartition des produits, le bon marché des objets de consommation. Toutefois la France ne pourra de long-temps supporter facilement un budget aussi lourd que celui de ces dernières années : ici nous réclamons un allégement considérable que le désarmement amènera sans doute. Mais, en principe, il faut s'occuper de mieux distribuer l'allocation annuelle et non de la réduire : ôtons quelque chose à la guerre, et donnons beaucoup à l'intelligence et à l'industrie.

Réduire le nombre des fonctions administratives, demander aux fonctionnaires beaucoup de travail et les bien rétribuer, voilà le vrai principe d'économie.

Des modifications importantes sont demandées dans l'assiette de l'impôt ; elles sont justes, mais pour les rendre possibles, il faut assurer, d'autre part, des recettes en proportion avec la dépense.

Lorsque des innovations, utiles à la *majorité* et même à l'avenir de *tous*, portent atteinte, dans le présent, aux droits acquis d'une *minorité*, la société doit à cette minorité une indemnité préalable ayant pour base stricte l'équivalent de la perte supposée.

Le *crédit public,* dont les nations ont usé avec tant de prodigalité pour la guerre ou pour des entreprises hasardées, devra être employé à combler l'abîme révolutionnaire et à commanditer l'établissement de la société laborieuse. Il y a donc lieu de faire usage du crédit pour assurer l'avenir sans grever le présent. Néanmoins l'emploi du crédit ne peut être que transitoire ; et, pour les nations comme pour la fortune privée, il faut dire que le but du système financier est non-seulement la balance entre *doit* et *avoir,* mais l'augmentation par *acquêt* du capital social.

Amortissement efficace, abolition de la loterie et de la ferme des jeux, allégement de l'impôt par l'emploi transitoire du crédit public, augmentation directe du revenu par voie de commandite pour colonisation intérieure et extérieure : voilà le germe du nouveau système financier qui repose en partie sur un nouveau système colonial. Ce système colonial est conçu sur des plans tout-à-fait différens de ceux qui ont été justement critiqués par l'économie politique moderne. Dans toute entreprise de colonisation, le gouvernement doit être commanditaire intéressé, sociétaire industriel, et non pas seulement chef militaire et administratif. Tant qu'il sera seulement chef militaire et administratif, le pouvoir n'aura presque rien à gagner aux colonisations.

MINISTÈRES DE LA GUERRE, DES COLONIES ET DE LA MARINE.

Ces deux ministères ont un grand rôle à jouer dans le mouvement de colonisation.

Une fois l'armée remise sur un pied de paix respectable, la diminution des cadres devient question secondaire, et il s'agit particulièrement de l'emploi utile des troupes. L'armée doit produire plus qu'elle ne consomme ; et elle le peut facilement, pour le plus grand avantage des militaires eux-mêmes.

Consacrer une partie du temps du service à former, par la théorie et la pratique, de bons ouvriers industriels, donner au soldat ou au marin les moyens de capitaliser un pécule et lui assurer une profession à l'issue de l'armée.

Voilà le seul moyen de concilier les exigences de la défense avec les besoins de la *production*, et d'indemniser le travailleur libre, de la corvée militaire.

MINISTÈRE DE LA JUSTICE.

Organisation du système pénitentiaire et réforme du *Code pénal*.
Refonte du *Code de procédure*.
Remaniement du *Code civil*, d'après le principe de la liberté industrielle, et en tenant compte des intérêts de la société actuelle par rapport à la propriété littéraire et scientifique.
Simplification des lois.
Enseignement national sur les principes fondamentaux de la législation et du droit constitutionnel.

MINISTÈRE DE L'INTÉRIEUR.

Faire cesser l'irrégularité et la confusion qui règnent dans les attributions de ce ministère. — En dehors de l'administration générale du royaume, le ministère de l'intérieur ne doit avoir dans ses attributions que les établissemens de secours et de bienfaisance.

La religion et les cultes exigent une administration spéciale ; il en est de même des arts, sciences et lettres. L'administration des intérêts de ce genre ne saurait être reléguée dans des bureaux secondaires.

Constituer l'unité administrative pour les institutions de prévoyance, les caisses d'épargne, les hospices et les hôpitaux ;

Agir indirectement sur l'encombrement de la population dans les grandes villes, en lui ouvrant des issues agricoles ;

Voilà ce qui vaut mieux que la police, et ce qui, du moins, compenserait la rigueur répressive.

MINISTÈRE DES AFFAIRES EXTÉRIEURES.

Continuation du système de paix qui établit la prédominance de la diplomatie sur la guerre.

Politique d'alliance industrielle et d'émancipation sociale.

Diplomatie prévoyante, qui remplacera la conquête par l'industrie et la colonisation.

Transformation du *servage* et de l'*esclavage* par voie de réorganisation industrielle, et sur le principe d'indemnité préalable aux intérêts acquis.

MINISTÈRE DU COMMERCE ET DES TRAVAUX PUBLICS.

Fondation d'un système uniforme de routes et canaux dans l'intérieur des départemens et des arrondissemens ; établissement de grandes lignes de chemins de fer.

Réforme du système des douanes sur les bases de libre admission ; diminution graduelle des tarifs, avec indemnité préalable aux intérêts lésés.

Mettre le *Code de Commerce* en harmonie avec les besoins du travail et le transformer en un système complet de législation pour les professions intellectuelles et industrielles, embrassant l'agriculture, le commerce, la manufacture, la propriété littéraire, scientifique et artistique.

Organiser un système général de banques commanditaires de l'industrie, et diriger le crédit vers l'agriculture.

Éclairer les intérêts du travail par des recherches de statistique comparée, par des documens précis sur l'état du marché dans tout le globe.

Développer l'institution du conseil général de l'agriculture, des manufactures et du commerce qui forme la *voix consultative* de l'industrie. — Les conditions de perfectionnement sont : 1° la publicité des débats ; 2° l'élection accordée aux fermiers et aux patentés ; 3° la convocation obligatoire à période annuelle.

MINISTÈRE DE L'INSTRUCTION PUBLIQUE.

Continuer la propagation de l'instruction primaire, mais la compléter par l'instruction professionnelle.

Constituer le pouvoir spirituel dans ses rapports avec les intérêts civils et terrestres, et organiser une presse officielle sur le même plan de circonscription que le système administratif.

En conservant, en développant même la liberté de la presse et de la parole, faire usage, au nom du pouvoir, de cette double force, pour diriger et administrer l'opinion publique.

Créer l'instruction sociale qui est l'instruction primaire de citoyens adultes, en établissant sur une large échelle l'enseignement des sciences morales et politiques.

Dans l'état actuel des choses, ce sont les deux ministères de l'instruction publique et du commerce qui doivent regarder du côté de l'avenir : leur mission est de constituer les intérêts généraux de l'art, de la science et de l'industrie.

La principale mesure à prendre, dans ce but, serait la création de trois centres administratifs au profit des nouvelles forces sociales;

mais la transition doit être ménagée par des administrations déjà établies.

Les ministres de l'instruction publique et du commerce ont donc pour devoir immédiat de donner *voix consultative* à l'intelligence et à l'industrie :

1° En créant pour la science, les lettres, les arts, la médecine, le corps enseignant, des institutions analogues à celles du conseil général des manufactures et du commerce ;

2° En établissant, par l'organisation des académies, des corps savans, des théâtres, un système administratif unitaire analogue aux institutions municipales et départementales.

Ainsi une immense carrière est ouverte à l'innovation. Il faut se hâter d'y marcher ; car la répression toute seule n'aura jamais raison de l'esprit révolutionnaire. Aussi l'alliance nouvelle ne peut donner qu'une adhésion *conditionnelle* aux mesures répressives prises par le pouvoir. Tout est permis, il est vrai, pour arracher la société aux clubs et à la conspiration légitimiste ou républicaine, armée et publique : pour opposer la force à la force, il n'y a pas autre chose que le droit de la guerre. Mais, en 1834, le droit de la guerre n'est pas le droit social, et tout gouvernement qui réprime le mal, sans porter remède à ses causes et à ses racines, fait acte de gendarmerie et non de puissance paternelle.

Quoi qu'il en soit, le but de notre alliance n'est pas celui d'une opposition hostile. Au nom de la science et du devoir, nous voulons mettre le pouvoir en demeure d'agir : nous voulons en même temps porter secours à la société contre les partis.

Nous ne mentirons pas au peuple en lui attribuant la souveraineté mais nous dirons la vérité au pouvoir en proclamant qu'il doit rigoureusement aux classes laborieuses un patronage de prévoyance, et d'amélioration industrielle, et que sa légitimité n'est possible qu'à condition qu'il favorise, par prédilection, l'ascension sociale du talent et du travail.

Dans les conjonctures actuelles, nous avouons avec douleur qu'en mesures efficaces réclamées par l'opinion publique, rien n'est prêt immédiatement pour mettre fin à la crise. Mais ce qui devrait déjà être ordonné et entrepris, c'est une ENQUÊTE SUR LA QUESTION SOCIALE, solennellement débattue entre les parties intéressées. De cette enquête confiée à des hommes compétens, devra résulter un ensemble de vues sur la réforme nécessaire à la satisfaction des intérêts nouveaux. Ces intérêts ne paraissent hostiles à l'ordre actuel que parce qu'ils se méconnaissent eux-mêmes, en acceptant l'alliance de la subversion républicaine.

Nous avons dit les principes généraux de notre alliance. Une telle déclaration ne comporte que l'émission de nos vœux et de nos intentions. Mais déjà ces intentions nous donnent le droit d'être sévères vis-à-vis des partis égarés par leurs passions et négligeant les améliorations sociales pour des questions de mécanisme constitutionnel. Au nom de la justice et de la raison, nous avons droit aussi de porter au pouvoir la parole de l'initiative.

Si elle n'est pas entendue aujourd'hui, elle retentira demain, et encore, et toujours, jusqu'à ce que la société soit entrée dans les voies de l'avenir. Notre œuvre n'est pas d'un jour : c'est l'œuvre du siècle où va s'ouvrir *l'ère de l'humanité*. N'y marchons qu'à pas comptés, mais que chaque jour porte son fruit.

Et, puisqu'avant l'exécution il nous faut encore solliciter par la parole, les cœurs et les intelligences, que notre première parole soit une protestation contre le trafic de la pensée, qui met entre les mains des agioteurs intellectuels l'arme sainte de la vérité et de la vertu, afin que notre premier acte soit la constitution d'une *presse* qui admette un droit des gens dans la guerre des idées et qui enseigne l'opinion publique au lieu de l'exploiter.

Les Directeurs de la Revue du Progrès social.

Jules Lechevalier.   E. Mallac.

Imprimerie de A. ÉVERAT, rue du Cadran, n. 16.

TABLE

des principaux Articles contenus dans les **7** livraisons déjà publiées.

Le premier semestre de la *Revue du Progrès social*, formant un volume de 700 pages, se trouve rue Caumartin, N° 7. Prix : 16 fr.

ÉVERAT, Imprimeur, rue du Cadran, 16.